Société d'Agriculture de la Haute-Garonne

Guerre de 1870-71.

Secours

aux

Blessés de l'Armée.

BIENFAITRICE DE L'AMBULANCE

RAPPORT

HISTORIQUE ET FINANCIER

DE

L'AMBULANCE DE LA SOCIÉTÉ D'AGRICULTURE

Présenté à la Séance du 6 mai 1871.

PAR

M. Hyacinthe CARRÈRE

Membre résidant de la Société,
Rapporteur de la Commission administrative de l'ambulance.

TOULOUSE
IMPRIMERIE DOULADOURE
ROUGET FRÈRES ET DELAHAUT, SUCCESSEURS
rue Saint-Rome, 39

1871

MESSIEURS,

L'humble charité, vous le savez tous, voudrait faire le silence autour de l'œuvre que vous avez créée... Elle a pris Dieu pour confident de ses aspirations, de ses espérances, de ses craintes et de ses joies. Le sentiment du bien qu'elle a pu faire lui suffirait, nous le comprenons, mais cependant la Commission que vous avez instituée pour créer, diriger, administrer votre ambulance, et qui a accompli sa mission selon ses forces, doit vous rendre compte précisément de cette mission, à vous, Messieurs, qui la lui avez confiée, et à ceux surtout qui, nous connaissant moins, la lui ont rendue facile par leur concours, qui nous a été si précieux.

Le rapport historique et financier que j'ai à vous présenter aujourd'hui, nécessiterait un volume si je devais dérouler sous vos yeux tous les faits intéressants dont votre Commission a été le témoin durant ses longs travaux. Je me bornerai à vous tracer un exposé succint de l'établissement de l'ambulance, de ses premiers essais, de sa marche régulière; j'enregistrerai les résultats heureux et malheureux, les produits des souscriptions, en argent et en nature, les dépenses, les frais d'établissement, d'entretien, de blanchissage, d'éclairage, de nourriture, de pharmacie, et vous donnerai le nombre de nos malades et de nos blessés (1).

La Commission est heureuse, tout d'abord, de constater que sa tâche a été facilitée d'une façon singulière, par le zèle des chirurgiens-inspecteurs et des autorités supérieures militaires, notamment par la bienveillance constante de M. Clayeux, alors intendant de la 12e division militaire, qui, toujours, a tranché, en faveur de votre asile, les petites difficultés qui surgissaient à chaque instant dans nos rapports journaliers avec l'Administration des hôpitaux militaires, et que les employés subalternes, habitués à la marche régulière des affaires, eussent été impuissants à faire disparaître.

Nous sommes heureux de pouvoir rendre ici au si honorable M. Clayeux l'hommage de notre reconnaissance.

L'adjonction à notre œuvre des dames patronnesses lui a apporté avec des secours, des soins et des consolations maternelles, une tendresse, une délicatesse dans la charité qui la rendue plus efficace. Je devrais vous dire ici des noms bien connus des pauvres et des malheureux, des noms qui resteront dans nos souvenirs comme dans la reconnaissance

---

(1) Les 309 hommes malades ou blessés qui ont été soignés, vêtus ou nourris et entretenus, du 23 décembre 1870 au 13 avril 1871, ont appartenu spécialement, pour l'armée auxiliaire, aux mobiles de l'Ariége, Haute-Garonne, Loire, Indre-et-Loire, Maine-et-Loire et Dordogne; et aux mobilisés de Seine-et-Marne, Aube, Côte-d'Or, Pyrénées-Orientales, Tarn, Hautes-Pyrénées, Gers, Lozère et Tarn-et-Garonne; et pour l'armée régulière, aux sous-officiers et soldats dés 5e, 7e, 8e, 9e bataillons de chasseurs à pied, des compagnies de discipline, du régiment étranger, des 12e, 17e, 22e, 23e, 52e, 39e, 42e, 51e, 57e, 65e, 73e, 83e et 113e (de marche) régiments de ligne; aux 9e 12e et 13e régiments d'artillerie, au train d'artillerie et au 3e régiment du train des équipages.

de nos malades ; mais nous ne pouvons soulever des voiles que des mains trop modestes veulent tenir baisés, quoique nous ne puissions ignorer que nous lui faisons violence, nous ne pouvons taire, néanmoins, le dévouement de Madame la Marquise de Latour-Landorthe, qui, avec ses quatre jeunes filles, venaient, tous les soirs, passer deux heures dans notre établissement, apportant toujours (1) des dons nouveaux. C'est aux jeunes demoiselles de Latour que nos soldats doivent ces petits bonnets de laine si chauds, si gracieux, et qui, par suite de leur uniformité, semblaient avoir été adoptés par l'Administration ; les mains délicates de ces demoiselles ne cessaient de produire ces utiles coiffures au fur et à mesure du renouvellement de nos malades, qui voulaient tous, en nous quittant, les emporter comme un heureux souvenir de leur passage à votre ambulance.

Enfin, Messieurs, vous avez vu tous, entrant furtivement dans votre infirmerie, les dignes épouses de deux de nos collègues, Mesdames Henri de Sahuqué et Jules d'Holier, qui, véritables sœurs de charité, venaient tous les jours panser les plaies de nos chers blessés, les plaies du corps et les plaies de l'âme.

Nous manquerions à un devoir bien doux si nous n'exprimions ici notre reconnaissance aux dames patronnesses qui ont prouvé par leur constante charité et leur dévouement à la hauteur de tous les sacrifices, l'intérêt considérable qu'elles prenaient à notre œuvre, parce que cette œuvre, il faut le dire, était selon leur cœur.

Sur la très-honorable initiative de M. l'abbé Duilhé de Saint-Projet, notre savant collègue, qui en fit la proposition dans la séance du 10 décembre 1870, la Société d'agriculture adopta en principe la création d'une ambulance pour

---

(1) Un registre spécial constate, jour par jour, les dons en nature à mesure de leur entrée.

les blessés de l'armée. Le 13 décembre, une Commission (1) spéciale fut nommée, et un crédit de mille francs fut ouvert par la Société, à l'effet d'organiser cette œuvre si patriotique.

Pendant que les ouvriers plâtriers et menuisiers procédaient à la transformation de notre vaste salle du Musée, divisée, pour les besoins de notre asile, en infirmerie, dépense, pharmacie et cuisine, des ventilateurs, des vasistas furent placés aux croisées pour établir un perpétuel changement d'air. Grâce à la générosité de M. le docteur Jeanbernat, directeur de la Compagnie anglaise, nous pûmes installer, presque sans frais, les appareils à gaz qui ont été si utiles durant les longues et froides nuits de l'hiver de 1870-1871.

Pendant que ces changements matériels s'opéraient, l'appel que la Commission adressait aux membres de la Société d'agriculture était entendu, et de tous côtés (2) abondaient les objets mobiliers, de litterie, les chemises, les draps de lit, les serviettes, etc.; si bien, qu'à très-peu de frais, et grâce à l'activité déployée par les organisateurs que vous aviez choisis, notre infirmerie, pourvue de trente lits complets, parfaitement aménagés et approvisionnés, put recevoir, le 23 décembre, dix pauvres malades.

Les membres de la Commission avaient pressenti avec

(1) La Commission administrative était composée : Présidents, MM. le docteur Noulet ✻ et Carloman de Bastoulh, Présidents de la Société en exercice; docteur de Lucy, médecin-directeur; docteur Gourdon, médecin; Timbal-Lagrave, pharmacien; l'abbé Duilhé de Saint-Projet, aumônier; Hyacinthe Carrère, économe; de Lalène-Laprade, Trésorier; Caussé, Conseiller à la Cour, Secrétaire-général; Baron Léopold de Papus, propriétaire; Victor de Capèle, propriétaire; Gabriel de Belcastel, député à l'assemblée nationale; Gustave Fouque, manufacturier; Texereau de Lesserie, propriétaire; Lafiteau ✻, Conseiller honoraire à la Cour; de Baichis ✻, ancien capitaine d'artillerie.

(2) Les Comités des dames de Toulouse et de Puylaurens ont largement contribué à faciliter les débuts de notre ambulance, soit par des prêts, soit par des dons d'objets de lingerie de toutes sortes.

juste raison que le service de votre ambulance ne pouvait, sans de très-grands inconvénients, inutiles à préciser, être fait par des infirmiers laïques ; aussi après les démarches qui aboutirent rapidement, put-elle obtenir du directeur de l'ordre de la Doctrine chrétienne, trois religieux, chargés des services divers de notre infirmerie. Ces religieux ne sont pas seulement des hommes honnêtes, des hommes de sacrifice, ils nous ont laissé voir, dans une longue fréquentation de tous les instants, ce qu'il y a en eux de bonté, de simplicité et de tendresse ; infirmiers et maîtres d'école, hommes de Dieu toujours.

Deux de nos soldats, que des blessures graves ont rendus incapables des rudes labeurs *du prolétaire*, pourront, par leurs soins, aborder des emplois civils, où ils trouveront le pain de chaque jour.

Le service du pansement avait été confié aux sœurs de Notre-Dame de l'Espérance, dont le concours gratuit nous avait été généreusement offert.

Je n'essayerai pas de vous dépeindre le dévouement des bonnes sœurs chargées de ce service, l'expérience que ces religieuses ont acquise dans l'exercice des œuvres de miséricorde, était un sûr garant de ce que nous pouvions attendre d'elles, et nous devons dire aujourd'hui, avec reconnaissance, combien notre confiance était bien placée.

La bonne sœur était constamment sur la brèche, quelquefois la nuit et le jour, pour prodiguer ses soins aux malades et aux blessés, soit qu'ils appartinssent à notre établissement, soit que, guidés par le drapeau de la convention de Genève qui flottait à la porte de l'hôtel, ils vinssent demander des secours immédiats à notre asile ; aussitôt leurs blessures étaient pansées, les linges changés : le plus souvent, la bonne sœur de l'Espérance s'empressait de reconforter, par des bouillons et des vins généreux, ces hommes qu'avaient affaiblis les maladies et les privations : s'ils étaient nus elle les vêtissait ; sachant que vous n'aviez point mis de bornes à votre charité... elle n'en mettait point à son zèle...

Malgré ces travaux incessants, la bonne sœur trouvait encore assez de temps pour gouverner, diriger la maison, vérifier et mettre en ordre les objets de lingerie, soit que, déjà livrés aux malades, ils revinssent du blanchissage, soit que, nouvellement offerts à notre œuvre, ils dussent être inventoriés et classés.

Qu'il me soit permis de le dire, Messieurs, sans l'intelligence, la charité, le dévouement et l'infatigable énergie des sœurs Thérèse et Théotime, qui, l'une après l'autre, ont été chargées de ces soins si divers, l'ambulance de la Société d'agriculture n'aurait pas tenu aussi haut sa bannière blanche à la croix rouge.

La Commission administrative n'avait rien négligé, tant au point de vue matériel de l'œuve qu'au point de vue moral. Un règlement paternel, mais sévère, approuvé par l'autorité supérieure militaire, était affiché dans la salle ; le soldat avait ainsi sous les yeux les obligations qui lui étaient imposées et les droits qu'il pouvait réclamer.

Un registre spécial contenait la copie des lettres que la Commission adressait aux familles de ces malheureux, pour les prévenir du genre et du caractère plus ou moins grave de la maladie dont ils étaient atteints ; dans le cas où un danger survenait, un bulletin adressé chaque jour, et quelquefois d'heure en heure, aux parents anxieux, les tenait au courant de la situation.

Deux journaux étaient servis tous les jours à l'ambulance, apportant aux malades l'écho des événements prodigieux ou leur patriotique courage avait joué un rôle, sinon glorieux, du moins à la hauteur de leur devoir. Nous offrons ici à l'administration du *Journal de Toulouse* et de la *Gazette du Languedoc* nos remerciments sincères.

Une petite bibliothèque de livres d'histoire, de romans

populaires et militaires choisis, donnait à nos malades des distractions très-recherchées par eux.

Nous constaterons avec joie que le sentiment du devoir, au lieu de faiblir, avait grandi dans le malheur chez nos jeunes soldats. Impuissants à donner à la patrie les victoires qu'elle attendait de leur courage, ils ont tenu à réparer, autant qu'il était en eux, des malheurs immérités ; ils ont combattu encore, cette fois dans une lutte pacifique, pour obtenir à la patrie mutilée et saignante le calme, le repos et de sages institutions. L'état régulièrement dressé, et établissant le nombre d'électeurs que contenait l'ambulance le 7 février 1871, veille du jour des élections des députés à l'Assemblée nationale, et les procès-verbaux de vote, datés du huit février, constatent en effet que, par l'initiative et par les soins de la Commission, nos soldats ont tenu à exercer leur droit politique.

Nous abordons ici un point douloureux de notre rapport : si la Commission a eu la joie de voir un grand nombre de ses malades promptement rétablis, alors que même la maladie dont ils étaient atteints eût, dès le principe, laissé peu d'espoir de les sauver, nous avons eu la douleur de voir huit hommes s'éteindre à la fleur de l'âge, en dépit des efforts de nos confrères si dévoués, les docteurs de Lucy et Gourdon, et malgré les soins si maternels de nos dames patronesses.

Nous devons dire, à la louange des bons Frères de la Doctrine chrétienne, que la mort n'a surpris inopinément aucun de ceux qu'elle nous a ravis ; préparés par le vénérable et saint Frère Joseph, l'heure suprême de ces braves jeunes hommes a été pour nous un sujet de touchante édification.

Je vais maintenant, Messieurs, faire passer sous vos yeux le tableau rapide de l'état financier de notre œuvre.

RECETTES.

Nos recettes (1) se sont composées :

1° De souscriptions en argent, provoquées par les soins de la Commission administrative auprès des membres de la Société d'agriculture, et recueillies par elle ;

2° De dons en argent spontanément offerts par des personnes étrangères à la Société ;

3° Des dons en nature, linge, lainages, denrées de toutes sortes, comestibles, vins ordinaires, vins de dessert, eau-de-vie, consommés, liqueurs, gâteaux, oranges, confitures, gelées, marmelades de fruits, tabac ; enfin, en douceurs et friandises si appréciées par les malades et si bienfaisantes ;

4° En indemnités d'entretien et de nourriture de un franc par jour accordées par l'administration militaire, pour tous les soldats régulièrement hospitalisés :

Et 5°, enfin, du prix de la vente du matériel et des objets donnés demeurés sans emploi.

1° La souscription en argent à laquelle ont pris part cent trente-deux de nos confrères a produit une somme de....... 4150f 00c
Soit une moyenne par souscripteur de 31 fr. 44 c.

2° Les dons en argent faits par quatre personnes étrangères à la Société, ont produit la somme de..... 65 00

A reporter..... .... 4215f 00c

---

(1) Tout le matériel, litterie, linge, draps de lit, serviettes, essuie-mains, couvertures, couvre-pieds, oreillers, matelas, traversins, couettes, sommiers élastiques ou en paille, nous ayant été prêtés et ayant été rendus, nous n'avons pas, à en parler tant dans nos recettes que dans nos dépenses.

                    Report............ 4215f 00c

3° Les dons en nature, consistant en objets de literie, linge, oreillers et taies d'oreillers, draps de lit, serviettes, 130 chemises, vêtements divers, 116 mouchoirs, 98 paires de chaussettes de laine, charpies, bandes et linges à pansement, chiffons, 54 tricots, gilets et ceintures de laine ou de flanelle, bonnets de coton et de laine, 110 fagots de sarments, 10 hectolitres papetons de maïs, 3800 kil. de bois à brûler, lit en fer, pâtes alimentaires, 2353 litres de vin rouge ordinaire, 99 bouteilles de vins fins de dessert ou liqueurs, 2000 kil. de houille, 29 kil. confitures, gelée, miel ou marmelades de fruits, 6 hectolitres cinquante litres de pommes de terre, 10 litres vinaigre, 8 kil. de gateaux, 1 hectolitre 25 litres de haricots, 125 litres amandes, 1 kil. 500 gr. de café moulu ou en grain, 4 kil. 500 gr. chocolat, bandages et appareils herniaires (1); extraction gratuite de dents (2), remèdes, 15 kil. pruneaux ou figues, 1 dinde, 11 poulardes ou chapons, œufs frais, saucissons, consommés, 22 kil. de sel fin ou de cuisine, sirops, 30 litres eau-de-vie, graine de lin, orge, racines, fleurs pectorales, 847 oranges, 3 kil. 200 gr. tabac, 595 cigares, faïences, poterie, verrerie, porcelaines, bouteilles, carafes, flacons, etc., tous lesquels objets ont été évalués à...................................... 1586 00

4° Les indemnités reçues de l'intendance militaire ou des divers corps des gardes mobilisés pour les sous-officiers et soldats régulièrement hospitalisés.......... 1902 00

5° Le prix du matériel de premier établissement, denrées, provisions non consommées, ou des objets restés en magasin ou vendus par les soins de la Commission... 746 35

6° Quarante-cinq francs, donnés par trois visiteurs de l'ambulance, et soixante-huit francs, produit de cinq

                    A reporter............... 8449f 35c

(1) M. Badin, médecin-bandagiste, non-seulement a fait don de ses appareils, mais les a appliqués lui-même.

(2) Par MM. Trazit et Allaux, médecins dentistes à Toulouse.

Report............ 8449ᶠ 35ᶜ

quêtes particulières faites auprès de **soixante personnes** par certains membres de la Commission, soit ensemble 113 fr. Nous ne faisons figurer ce chiffre que pour Mémoire, attendu que ces dons ont été faits avec une affectation particulière.

Par où le total des recettes en argent et en nature de la caisse particulière de l'ambulance s'est élevée à.... . 8449ᶠ 35ᶜ

Avant de vous donner le détail de nos dépenses, permettez-moi, Messieurs, de vous expliquer que votre Commission a distribué à plusieurs malades des objets de vestiaire, des remèdes spéciaux, des secours en nature dus à la générosité de personnes charitables auxquelles il a été fait un appel spécial, et qu'enfin, suivant les circonstances, des places au chemin de fer ont été payées, ou bien de l'argent a été donné pour faciliter le voyage en deuxième classe à des militaires dont la santé nécessitait des soins particuliers, pour lesquels l'indemnité de route réglementaire ne suffisait pas.

Ainsi que l'indique l'article 6 de la recette, ces douceurs, ces largesses, n'ont jamais été accordées aux dépens de la caisse de l'ambulance, à laquelle il n'a jamais été fait, pour cet objet, le plus léger emprunt.

Ces explications prouveront aux esprits les plus scrupuleux que les fonds qui nous ont été confiés ont été administrés et dépensés avec une sage économie.

DÉPENSES.

Afin de faire bien comprendre les dépenses, je les ai divisées en deux chapitres :

CHAPITRE Ier.

Entretien et Nourriture.

1° Les **frais divers** qui consistent : en frais de service de voitures pour transporter les blessés, ravaudages, vitres et objets cassés, timbres-postes, port de lettres (1), gaz d'éclairage, installation d'appareils de chauffage, indemnité donnée au Frères de la doctrine chrétienne, gratifications en nature et en argent données au famulus de la Société, objet d'église, acheté et offert en souvenir aux Sœurs de l'Espérance, etc.................... 1057^{f}75^c ⎫
Les dons en nature détaillés à l'article 3 des recettes qui doivent figurer aux frais divers ont été évalués, à................... 87 55 ⎭ 1145^f 30

2° **La Pharmacie.** Comprenant tous les remèdes fournis par le pharmacien, M. Timbal-Lagrave, notre confrère, qui a abandonné bénévolement ses bénéfices à notre œuvre et dont le prix de revient s'élève à..................................... 89 95 ⎫
Remèdes ou produits chimiques ou pharmaceutiques achetés chez les droguistes.... 75 80 ⎬ 209 05
Dons en nature détaillés à l'article 3 et qui doivent figurer ici........................ 43 30 ⎭

                                                      1354^f 35

3° **La Nourriture.** Comprenant les fournitures du boucher, 592 kilogrammes de bœuf, veau ou mouton, au

              A reporter..... .... 1354^f 35

(1) Nous avons obtenu durant trois mois la franchise postale.

Report............		1354f 35
prix de........................	688f 00	
Du Boulanger, 527 marques ou 1317 kil. de pain, au prix de.................	445 85	
Les achats : de légumes, etc., par le frère *proviseur* pour.....................	103 85	
De 139 litres de lait au prix de....	44 52	
De 72 kilogr de semoule, vermicelle et macaroni, au prix de...................	48 35	2539 41
De 17 kilog. 850 gr. fromage de Gruyères, 45 kilog. jambon, lard ou graisse, 51 kilog. sucre pilé ou en pain, 4 hectol. pommes de Saint-Girons, 1 hectol. noix, deux paniers figues sèches, amandes, huile, savon, riz, etc., dont le prix s'est élevé à la somme de.......	478 78	
Les dons consommés en nature, détaillés au n° 3 des recettes et qui doivent être compris à l'article nourriture, 1773 litres de vin ordinaire, eau-de-vie, houille, haricots, chocolat, pruneaux, confitures, gelées, etc., s'élèvent à.	730 06	
4° Blanchissage............................		131 00
TOTAL de la dépense du chapitre **entretien** et **nourriture**...........................		4024 76

Or la dépense **d'entretien** et de **nourriture** s'élevant à quatre mille vingt-quatre francs soixante-seize centimes, a été occasionnée par la présence dans l'ambulance de **trois cent neuf** hommes, pensionnaires ou externes (1), représentant ensemble deux mille cent treize journées de nourriture ; par suite la moyenne de la dépense de nourriture s'élève, par jour et par homme à *un franc quatre-vingt-dix centimes.*

---

(1) Malades ou blessés, pensionnaires 107 hommes représentant 2012 journées de nourritur
Militaires de passage, secourus, nourris, quelquefois logés.... 202 hommes représentant 101 journées de nourriture
TOTAL..... 309 hommes 2113 journées de nourriture

CHAPITRE SECOND.

Frais généraux.

D'aure part. 4024ᶠ 76

1° Les frais d'installation qui consistent en réparations, achat de matériel de toute sorte, appropriation de la salle du musée en ambulance et dépendances, et ceux occasionnés par la réinstallation du musée dans le local auquel il a fallu redonner sa destination primitive....................... 1087 75 ⎱
Les dons en nature détaillés à l'article 3 des recettes et qui doivent figurer aux frais d'installation........................ 636 10 ⎰ 1723 85

2° Les objets, denrées, etc., non utilisés, non vendus, et qui ont été donnés aux sœurs de charité de la paroisse de Saint-Jérôme et à l'hôpital militaire de St-Michel........................... 88 99

Total général de la dépense.............. 5837ᶠ 60

RÉCAPITULATION.

Recettes en argent.	Souscriptions....................	4150ᶠ 00
	Dons en argent..................	65 00
	Sommes reçues de l'Intendance...	1902 00
	Vente de denrées et de matériel...	746 35
	Total des recettes en argent........	6863ᶠ 35
	Recettes en nature................	1586 00
	Total général des recettes.........	8449ᶠ 35
Dépenses en argent.	Pharmacie.......................	165ᶠ 75
	Nourriture.......................	1809 35
	Divers...........................	1057 75
	Frais d'établissement.............	1087 75
	Blanchisssge....................	131 00
	Total des dépenses payées.........	4251ᶠ 60

	D'autre part............	4251f 60
Dépenses en nature.	Nourriture....................	730 06
	Pharmacie....................	43 30
	Divers........................	87 55
	Frais d'établissement...........	636 10
	Objets donnés aux sœurs de la paroisse St-Jérôme et à l'hôpital militaire de Saint-Michel................	88 99
	TOTAL des dépenses objets en nature et denrées donnés............................	1586f
	TOTAL GÉNÉRAL de la dépense............	5837 60
	Les recettes s'étant élevées à..............	8449f 35
	Et les dépenses à.....................	5837f 60
	Le solde en caisse est de................	2611f 75

Voilà, Messieurs, dans la mesure de ses forces et des ressources qu'il a plu à la divine Providence de lui envoyer ce qu'il a été permis à votre Commission d'accomplir, ce qu'elle a fait est sans doute bien peu auprès de ce qui se présentait à faire, soyons heureux pourtant, d'avoir pu, pour notre faible part, contribuer au soulagement de nos malheureux soldats, et félicitons nous, non-seulement du secours matériel mais encore des secours spirituels et moraux qu'il nous a été donné de leur distribuer

Messieurs et chers confrères, **la Commission administrative de l'ambulance** conclut à ce que la Société d'agriculture veuille bien voter des remercîments à tous ceux qui dans une mesure quelconque ont voulu l'aider dans l'accomplissement de son œuvre. Membres du clergé, Administrations militaires et civiles, Frères de la doctrine chrétienne, Sœurs de l'Espérance, Dames patronesses, Bienfaiteurs de nos soldats, vous avez tous droit à notre vive gratitude.

Toulouse, Impr. Douladoure; Rouget frères et Delahaut, successeurs, rue Saint-Rome, 39.

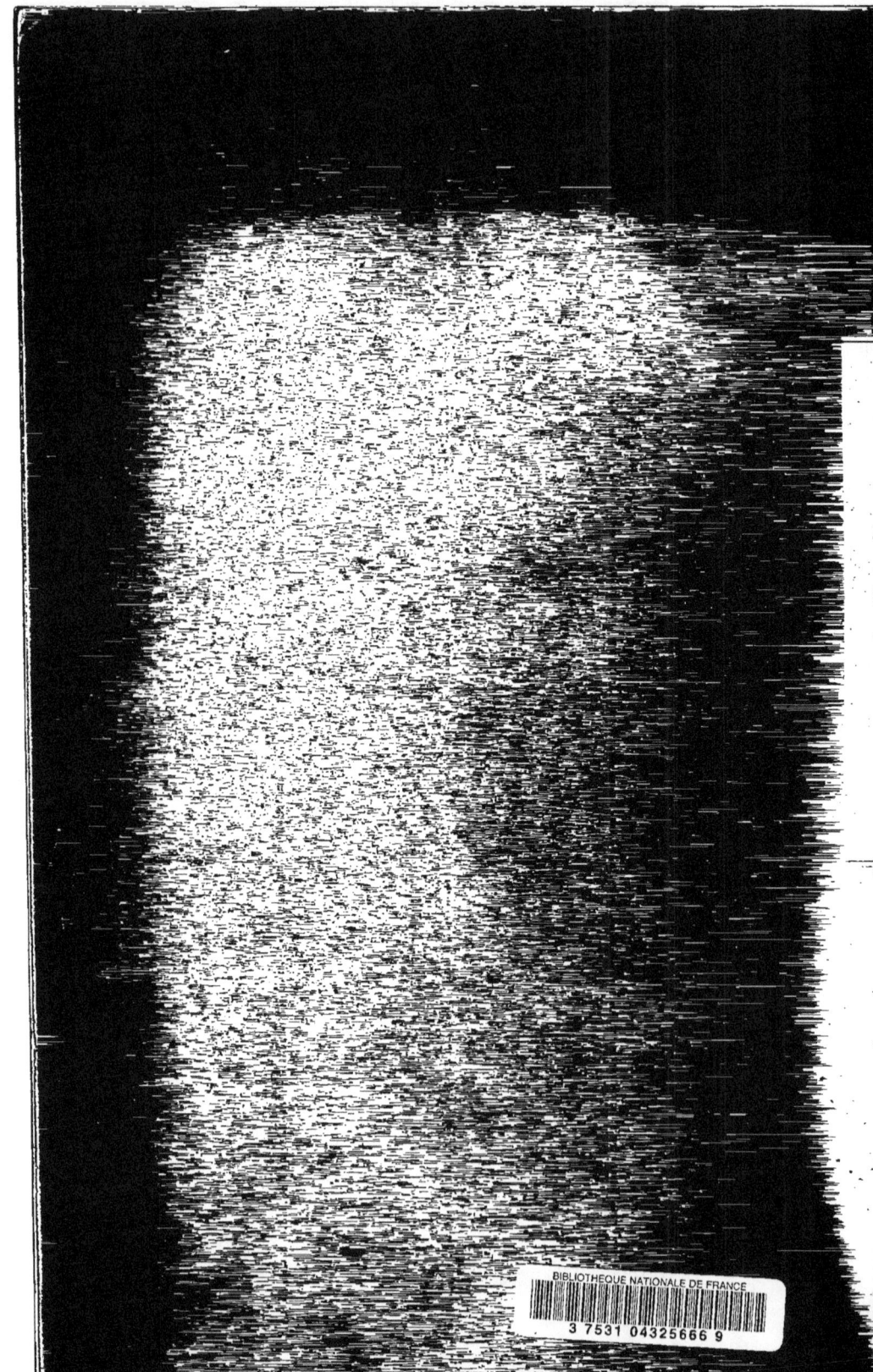

www.ingramcontent.com/pod-product-compliance
Lightning Source LLC
Chambersburg PA
CBHW070526050426
42451CB00013B/2879